오늘의문학시인선 370

아버지의 자전거

신미경 시조집

오늘의문학사

국립중앙도서관 출판시도서목록(CIP)

아버지의 자전거 : 신미경 시조집 / 지은이: 신미경. -- 대전 : 오늘의문학사, 2016
p. ; cm. -- (오늘의문학시인선 ; 370)

ISBN 978-89-5669-747-5 03810 : ₩9000

한국 현대 시조[韓國現代時調]

811.36-KDC6
895.715-DDC23 CIP2016011190

아버지의 자전거

‖ 自序 ‖

누군가 그리우면
눈물을 흘리다가
가시에 찔리면서
잡초를 뽑아내며
글 속에 마음을 담아
꽃잎처럼 날렸다.

때로는 딸처럼 살갑게 다가오는
든든한 아들 내 보물 1호 태진이
부족한 엄마를 항상 응원해 주고 용기를 주어
숨겨진 마음을 조심스레 펼쳐본다.

아침에 흩어진 가족이 저녁에 함께 한다는 것이
평범한 것 같지만 그것은 "행복"이다.

건강한 사람의 심장보다
절반만 뛰는 심장을 갖고 살아가는 남편
곁에 있어 주어 늘 감사한 마음으로 살아간다.
지금 이 순간 나는 세상에서 가장 행복한 사람이다.

차례

‖ 自序 ‖ —— 5

1부 … 햇살이 부끄러워

청보리밭 —— 13
봄맞이 —— 14
새싹 —— 15
봄 —— 16
봄 소풍 —— 17
벚꽃 —— 18
기차여행 —— 19
고향의 봄 —— 20
5월의 장미 —— 21
장미 —— 22
연꽃 —— 23
보리 —— 24
보리밭 —— 25
단오 —— 26
단비 —— 27
친구 —— 28
계족산 속담 —— 29
더위 —— 30
소나기 —— 31

장마 · 1 — 32
장마 · 2 — 33
천둥 치던 날 — 34
태풍 산바 — 35
폭염 — 36

2부 … 하늘이 주신 선물

아버지의 자전거 — 39
소나무 — 40
노송 — 41
새 희망 — 42
아버지 — 43
가신 님을 그리며 — 44
현충원의 소나무 — 46
어머니 · 1 — 47
어머니 · 2 — 48
아버님 — 49
종신(終身) — 50
자목련 — 51
임종 — 52
일편단심 내 남편 — 54
퇴근길 — 55
귀가 — 56
부부 싸움 — 57
아들 — 58

첫눈 ——— 59
나라지킴이 ——— 60
군기반장 ——— 61
이등병 ——— 62
내 동생 ——— 63
막걸리 심부름 ——— 64
내 사랑은 ——— 65
어릴 적 꿈 ——— 66

3부 … 티없이 환한 얼굴

길 ——— 69
꽃잎 ——— 70
어느덧 ——— 71
갈대 ——— 72
가을 강 ——— 73
가을철 ——— 74
늦더위 ——— 75
가을 ——— 76
가을들녘 ——— 77
가을걷이 ——— 78
문경새재 ——— 79
가을 뒷모습 ——— 80
도토리 ——— 81
겨울바다 ——— 82
꽃게 ——— 83

계족산 84
홍시 85
동춘당 86
항변 87
여정 88
우리들은 1학년 89
산사 길을 걸으며 90
시골 장터 92
독도 93
소록도 94
동학사 운(韻) 95
태안 13000리길 96

4부 … 바람에 날리는 세월

첫사랑 99
짝사랑 100
화해 101
인간관계 102
장독대 왕파리 103
낙엽 104
호랑이 선생님 105
웃음의 씨앗 106
옛날 얘기 107
용서 108
독거 109

독거노인 — 110
선거 — 111
선택 — 112
무면허 — 113
가난 — 114
진자리 — 115
금강시대 — 116
꽃샘추위 — 117
민통선 — 118
현충원 — 119
광복 70년 — 120
호국영령 — 121
2014년 4월 16일 아침 — 123
뉴스속보 — 124
환생 — 125

■ **작품해설** ‖ 리헌석
정격시조에 담아낸 삶과 자연 — 127

1부

햇살이 부끄러워

청 보리밭

혈기가 푸른 청춘
밟혀도 일어난다

고개를 넘어가는
추억의 보리피리

바람에
자존심 잡고
꿋꿋하게 서 있다.

봄맞이

기지개 쭉쭉 펴며
하늘을 향한 외침

배밀이 끙끙대는
봄 찾은 어린 새싹

햇살의
달콤한 말에
활짝 웃는 개나리.

새싹

비집고 돋아난 잎
아가의 숨결 같다

햇살이 부끄러워
곳곳에 숨어 있는

세월이
묻어둔 불씨
피고지고 또 핀다.

봄

햇살의 요염함에
얼음이 녹아내려

춤추는 벌과 나비
꽃들은 박수갈채

실바람
향기에 취해
꽃잎 위에 앉았다.

봄 소풍

눈부신 햇살 안고
나들이 가는 길에

푸른 꿈 나래 위로
흰 구름 씨 뿌린다.

하늘은
꽃밭이 되어
몽실몽실 피었다.

벚꽃

굵은 뼈 마디마디
햇살이 놀고 있다

설레는 봄나들이
하얗게 살 오르고

터지는
꽃폭죽 놀이
사람들은 즐겁다

기차여행

혼자서 떠난 여행
햇살은 포근하다

차창 밖 개나리가
방긋이 반기는데

서울행
열차에 실린
내 마음도 환하다.

고향의 봄

암록색 잔가지가
고향의 봄을 안고

귀향길 반겨주는
알알이 영근 살구

새콤한
입맛 돋우며
안겨드는 내 고향.

5월의 장미

봉오리 터지더니
빨갛게 피어났다

오월의 끝자락에
고개를 숙인 모습

아파트
담장 사이로
떨어지는 시간들.

장미

꽃비를 맞으면서
고개를 넘는 새봄

후끈히 달아올라
나그네 옷깃 잡고

뜨거운
사랑을 하며
담장 위를 태운다.

연꽃

속적삼 황홀 빛이
까만 밤 불 밝혔다

진흙 속 다소곳이
환생한 순백의 몸

묵언에
뿌리를 묻고
어진 웃음 짓는다.

보리

저고리 벗겨내니
통통한 하얀 속살

빈곤을 불태우며
사랑을 짓고 있는

부뚜막
가마솥에는
풍년가가 흐른다.

보리밭

수북한 콧수염에
빛바랜 노랑머리

바람에 실려 오는
다가올 여름 소식

힘없이
고개를 숙여
누울 자리 찾는다.

단오

수리취 떡을 지어
찾아든 세시풍속

제호탕 부꾸미에
가신 임 더 그립다.

사뿐히
날아오르는
춘향이의 저 요염.

단비

도둑이 제 발 저려
눈치만 살피다가

호통에 깜짝 놀라
눈물을 쏟아내고

갈증에
꼭 다문 입술
벙실벙실 웃는다.

친구

작다고 무시하며
눈길도 외면하다

널 보려 무릎 꿇고
머리를 조아렸다

언제나
담장 아래서
기다리던 채송화.

계족산 속담

닭다리 닮았다고
지어진 산의 이름

가뭄에 계족산이 웅울면 비가 온다

나뭇잎
몸을 비비며
기우제를 지낸다.

더위

태양은 똬리 틀고
눈알을 부라린다

폭염에 신음하며
늘어진 아스팔트

복날에
표독을 떠니
마루 밑엔 누렁이.

소나기

구름떼 무리지어
한바탕 퍼붓더니

체한 듯 답답함을
시원히 풀어주고

공작새
꼬리 펼치면
곱고 고운 무지개.

장마 · 1

토악질 해대면서
한바탕 쏟은 눈물

고달픈 인생살이
휩쓸어 가버리고

빨랫줄
널린 옷들이
나풀나풀 춤춘다.

장마 · 2

바람이 선잠 깨워
광기를 부리더니

소나기 흠뻑 맞고
초롱꽃 고개 숙여

가슴에
고인 눈물이
강물 되어 흐른다.

천둥 치던 날

여름철 단골손님
무섭게 호령한다

큰소리 한마디에
산천은 부르떨고

누구도
이길 수 없는
천하장사 소낙비.

태풍 산바

강풍에 너울대며
춤추는 태풍 산바

지붕은 날아가고
들판은 쑥대머리

온몸을
비틀거리다
정신 잃은 간판들.

폭염

피할 수 없는 태양
눈 붉힌 저승사자

불청객 들어와서
물세례 퍼붓듯이

등줄기
고랑을 파고
땀이 줄줄 흐른다.

제2부

아버지의 자전거

외갓집 가는 길은
흙먼지 자욱하다

짐받이 올라 앉아
꼭 잡은 작은 두 손

신나서
노래 부르다
방긋 웃는 예쁜 짐.

소나무

살갗이 벗겨지고
등골이 휘어져도

자식을 향한 마음
날리는 송홧가루

힘들면
쉬어가거라
아버지의 깊은 뜻.

노송

바람이 흔들어도
세월에 순종하고

오르다 넘어지면
향기로 품어주신

등 굽은
우리 아버지
자식 걱정 앞선다.

새 희망

한 해를 배웅하는
보신각 종소리에

눈썹이 하얘질까
긴 밤을 지새우고

아버지
새해 덕담에
새 꿈 가득 담는다.

아버지

키 쓰고 그릇 들고
찾아 간 아줌마 집

머리 위 웃음소리
쉬 쌌어? 꿀밤 한 대

잉, 잉, 잉,
터진 울음에
미소 짓는 아버지

가신 님을 그리며

반백 년 기다리다
그리움 거두시고

세월도 숨이 차서
하늘로 가시던 날

주름 속
흐르던 향수
물길마저 말랐다.

철조망 가로막힌
분단의 아픔 속에

육 남매 앞세우고
고향 길 기다리던

한 생애
힘겨운 삶은
영면으로 가셨다.

아버지 빈자리에
덕담만 차곡하고

임진강 주변에서
목 놓아 드린 제사

고향 길
뻐꾹새 울음
날개깃을 세웠다.

현충원의 소나무

허공을 뱅뱅 도는
잠자리 헬리콥터

저 멀리 포탄소리
나라가 걱정되어

솔방울
솔잎에 숨어
갑옷 입고 지킨다.

어머니 · 1

— 알츠하이머

세월의 꼬리 잡고
재 너머 가는 기억

꼭 잡은 어머니 손
야속한 세월타령

그래도
감사합니다!
병원 문을 나선다.

어머니 · 2

육남매 날개 위에
자존감 달아주고

한밤중 서성대며
식구들 잠 깨우는

불치병
알츠하이머
얼어버린 기억들.

아버님

두 손을 움켜쥐고
태어난 작은 주먹

하늘로 돌아갈 땐
힘없이 펼치셨다

황소의
슬픈 눈동자
별이 되어 빛난다.

종신終身

사위는 촛불인가
야위어 가는 숨결

젖 먹던 힘을 쓰며
아버님 가시는 길

심지는
작아지면서
촛농 속에 잠겼다.

자목련

— 어머니

언제나 자식 위해
비바람 막아내고

손 모아 기도하며
송글이 맺힌 눈물

생인손
빨갛게 부어
자식앓이 하신다.

임종

— 시어머니

목숨을 맡겨놓은
수액 줄 붙잡고서

생사를 넘나들며
사투를 벌이신다

힘겹게
몰아쉬는 숨
가슴으로 울었다.

고개를 넘어야지
쉬어 갈 수 있는데

다리를 절며절며
언덕만 오르신다

지팡이
쥐어드리면
조금 쉽게 가실까

날마다 임종인 듯
지켜온 사십 일 간

고맙다 미안하다
고통을 대신하신

어머님
마지막 말씀
가슴 한켠 큰 사랑

일편단심 내 남편

한 번쯤 자신 위해
살아 볼 생각 않고

오로지 가족 위해
땀 젖은 러닝셔츠

색 바래
찌든 세월이
우리 가보 되었다.

퇴근길

파전 집
쌀 막걸리
한 잔에 시름 잊고

콧노래
흥얼대며
구름 길 걸어간다

만취해
한 걸음 전진
후퇴하는 두 걸음.

귀가

얼큰한 동태찌개
술 한 잔 행복하고

호탕한 웃음소리
집안은 온기 가득

피곤에
지쳐있어도
마음만은 두둥실.

부부 싸움

궁전의 수문장은 말言의 칼 휘두르고
무섭게 쪽 째진 눈 독 오른 늑대 되어
격해진 순간의 울분 천둥처럼 쏟는다.

코너에 몰리면서 숨 돌려 태연한 척
오징어 잘근잘근 씹어댄 그 보복에
철없다 폭소 터뜨려 꽃샘바람 멈췄다.

지나온 그 세월이 후회의 잔을 들고
물 베기 작업하여 성공한 적 있었나
흩어진 파편을 찾아 하나하나 줍는다.

아들

하늘이 주신 선물
행복을 품에 안고

꼬옥 쥔 두 손에는
세상이 담겨있다

큰마루
주춧돌 되어
이 겨레를 이끈다.

첫 눈

설레는 기다림이
사뿐히 내려와서

얼룩을 지워버린
티 없이 환한 얼굴

내 삶에
잊을 수 없게
가슴 떨린 목소리.

나라지킴이

옹알이 낮은 포복
아직도 생생한데

건장한 청년 되어
나라가 불렀단다

충성을
외치는 소리
자랑스런 아들아.

새벽녘 기상나팔
긴장에 허둥대고

강 건너 늑대사냥
초긴장 사수의 꿈

철조망
뼈아픈 역사
희생정신 그린다.

군기반장

눈동자 초롱초롱
기저귀 완전무장

체력은 국력이다
팔 다리 흔들면서

마음이
불편해지면
큰소리고 웁니다.

이등병

군화도 신지 않고
군복도 입지 않고

머리는 짧은 머리
군대 간 오빠처럼

팔꿈치
바닥에 대고
낮은 포복 합니다.

내 동생

남동생 손을 잡고
형 노릇 하던 시절

썰매에 무릎 꿇고
꼬챙이 헛손질에

상흔은
훈장이 되어
이야기 꽃 피운다.

막걸리 심부름

나뭇잎 피리 불던
키 작은 우리오빠

커다란 자전거에
주전자 걸어 놓고

엉덩이
사알짝 들고
좁은 논둑 달린다.

내 사랑은

번지는 고소함이
알알이 보석이다.

강심장 압력밥솥
기적을 뿜어대고

행복은
빛의 속도로
영양밥을 짓는다.

어릴 적 꿈

마음을 끌고 가는
솜사탕 하얀 구름

어른이 되고 싶은
키 작은 어린소녀

꽃처럼
자라고 싶어
비를 맞고 걸었다.

하늘을 바라보던
고무신 갈래머리

남편을 맞이하며
꿈꾸던 현모양처

부엌엔
된장찌개가
보글보글 끓는다.

제3부

티없이 환한 얼굴

길

심술 난 가을바람
작은 몸 툭툭 치고

손끝에 매듭 풀려
떨어진 잎새 하나

흐르면
흐르는 대로
그냥 한번 가보자.

꽃잎

언니의 손톱 위에
빨간색 코스모스

꽃잎이 나풀대며
뽐내고 앉아있다

떠나는
여름을 향해
잘 가라 손 흔들며.

어느덧

밤바람 서늘해진
가을이 왔나보다

색동옷 갈아입는
나뭇잎 추석맞이

세월은
제 보폭으로
성큼성큼 걷는다.

갈대

대청호 비단길에
구경꾼 모여들고

무명의 고깔을 쓴
신명난 무녀의 춤

갈대는
바람을 잡고
풍년가를 읊는다.

가을 강

강물에 멱을 감는
흰 구름 파란하늘

가을 강 고운 물빛
단풍잎 손님맞이

물결은
신명이 나서
너울너울 춤춘다.

가을철

시누이 시집살이
불타는 마음인 양

전어를 굽는 냄새
온 마을 퍼지면서

집 떠난
며느리 발길
다시 찾는 고향집.

늦더위

장마를 물리치고
여름을 뒤로한 채

가랑잎 굴리자고
바람이 속삭인다

힘겹게
달려온 가을
헉헉대는 늦더위

가을

무지개 떠오르듯
단풍잎 만삭이다

다람쥐 겨울을 날
사재기 한창이고

우르르
온몸을 털어
홀쭉해진 밤나무

가을들녘

홍시가 주렁주렁
까치는 침 삼키고

바람과 어우러져
춤추는 황금 들녘

국화꽃
향기에 취해
휘청대는 벌 나비

가을걷이

도토리 떨어지면
낙엽은 놀라는데

다람쥐 양볼에다
숨겨둔 가을 열매

들판은
황금의 물결
활짝 웃고 잡는 손.

문경새재

정 나눈 술 한 잔에
피어난 빨간 단풍

가을비 축복받고
달리는 관광버스

햇살이
마중을 나와
손을 잡고 걸었다.

가을 뒷모습

노오란 현기증에
떨어져 혼절하고

싸늘히 식은 손은
핏줄이 정지된 채

바람은
짐꾼이 되어
끌고 가는 이 가을

긴 여행 떠날 채비
색동 옷 벗어놓고

집 떠난 여윈 몸은
소복한 그리움이

가을은
바람을 타고
겨울 앞에 서 있다

도토리

입술이 갈라져도
혼자서 강인한 척

바람이 톡 건드려
도르르 구르다가

추위에
낙엽을 덮고
깊은 잠에 빠진다.

겨울바다

설움을 토해내는
갈매기 울음소리

한 조각 붉은 마음
바다에 던져 놓고

무녀의
하얀 무명옷
너울너울 춤을 춘다.

꽃게

전생에 무슨 죄를
얼마나 지었기에

거품을 뿜어대며
옆으로 걷는 걸까

그물에
매달린 형벌
뼛속 깊이 박힌 삶.

계족산

다정히 손을 잡고
황톳길 걸어가면

빼꼼이 내민 얼굴
햇살이 방긋 웃고

도토리
기침소리에
달아나는 다람쥐.

봉황산 봉우리에
구름을 걸어놓고

발자국 찍어가며
맨발로 걷는 흙길

비래사飛來寺
독경 소리에
합장하는 다람쥐.

홍시

청춘을 불사르고
살며시 떠나신 임

해마다 기다리며
불 밝힌 홍등 하나

툭 치는
짓궂은 바람
흔들리는 그림자.

동춘당

해마다 이맘때면
모여든 선비정신

구경꾼 북새통에
즐거운 나눔행사

빙 빙 빙
고추잠자리
풍물놀이 한마당.

항변

한세월 들인 공이
얼마나 많았는데

어느새 밀려나서
서글픈 구석자리

할머니
부침개 솜씨
세월 가도 일등급

여정

동트자 바쁜 걸음
어언간 앞선 노을

수줍어 숨어 우는
새색시 마음처럼

별 자락
그리는 밤이
어제 오고 또 온다.

우리들은 1학년

나비야 무용할 때
무릎은 땅 가까이

잘 한다 박수치면
날개를 활짝 펴고

꿈 담은
노랑나비들
나풀나풀 날았다.

산사 길을 걸으며

일상을
모두 접고
오솔길 접어들면

어느덧
동행하는
계족산 트인 가슴

솔바람
맑은 음계에
마음 또한 씻는다.

비래사飛來寺
적막이야
풍경이 울었거늘

속세의
바람결도
매무새 다듬고서

황톳길
맨발로 딛고
고행苦行으로 걷는다.

시골 장터

손끝에 움직이며
더덕은 옷을 벗고

아낙은 손짓으로
발길을 멈추란다

국밥에
정을 담아서
인심 푸는 선술집

각설이 가위장단
흥겨운 어깨춤에

시름은 간 곳 없고
웃음만 가득하다

장돌림
구수한 입담
어린 시절 내 고향

독도

울릉도 둥지에서
독도를 잉태했다

약탈을 취미 삼는
굶주린 승냥이는

스을쩍
남의 둥지에
알을 낳는 뻐꾸기

친절한 이웃인 척
반갑게 손 내밀고

시뻘건 눈을 하고
달려든 이리 떼들

잔잔히
흐르는 물결
얼이 담긴 우리 땅

소록도

굽이친 백파 타고
나룻배 달려간다.

저 멀리 파란 깃발
이방인 봇짐 풀어

소나무
울창한 숲에
솔향기가 그윽하다.

동학사 운韻

솔바람 종소리는
갈 길을 잡아놓고

스님의 목탁소리
마음을 씻으란다.

계곡에
두 발 담그고
씻었다고 말할까.

석양이 놀던 자리
촛불로 공양하고

솔 침에 상처 날까
바람은 잠이 든 듯

새들은
독경소리에
날개 접고 합장해.

태안 1300리길

곳곳에 펼쳐있는
풍경은 혼을 빼고

내리는 비마저도
한 폭의 그림이다

태안의
천삼백 리 길
아름다운 한국화

수목원 닿는 발길
욕심은 사라지고

몽산포 솔모랫길
솔향기 가득하다

해변 길
트레킹코스
향기 먹는 건강 길.

제4부

바람에 날리는 세월

첫사랑

추위에 움츠리다
햇살에 부풀리고

사뿐히 오시는 임
마음은 두근두근

봄 처녀
웃는 모습에
꽃 폭죽이 터진다.

짝사랑

마음을 열지 못해
가까이 할 수 없어

미련을 못 버리고
그리움 품다보면

세월이
저 멀리 가도
추억으로 남는다.

화해

눈총을 마구 쏘아
가슴에 박힌 총탄

파편을 뽑아내고
흘리던 눈물방울

꽃밭에
은구슬처럼
밝은 날을 빛낸다.

인간관계

덮으면 따뜻하고
들추면 한기 돌아

독감기 콧물 빼는
더러운 세균덩이

청결한
사람에게는
침범하지 못한다.

말言 속에 살을 찌워
남에게 아픔 주고

아무런 양심 없이
하늘을 가린 두 손

출산의
고통이 가면
높이 나는 새 된다.

장독대 왕파리

된장 독 드나들며
맘대로 쉬를 슬고

지척에 달아나다
그물에 포획되어

왕파리
거미줄 안에
장기수로 복역 중

낙엽

욕망은 불꽃 같고
사랑은 부질없다

푸르던 이파리가
휘돌아 내려앉아

맛있게
소리를 내는
아삭이는 단풍잎

호랑이 선생님

이름만 불러줘도
얼굴이 빨개지고

탁자를 두드리며
여기에 주목해라!

펴질라
꼭 쥔 주먹에
껄껄 웃는 선생님

웃음의 씨앗

만선한 이간질은
암적인 존재이고

관용은 잘못됨을
감싸는 처방제다

명약을
달이는 용서
활짝 피는 꽃이다.

옛날 얘기

섬돌 위 주저앉은
고무신 한 켤레가

엿장수 가위 소리
엉덩이 들썩인다

찢겨져
주름 잡힌 채
아이 얼굴 보면서.

용서

위험을 경고하는
문구를 무시하고

남몰래 살금살금
들어간 금지구역

약속이
깨어진 자리
민들레가 자란다.

독거

바람에 재주넘는
구겨진 광고종이

외롭고 고독함을
굴리며 가는 인생

사연이
얽히고설켜
길거리를 헤맨다.

독거노인

길목에 홀로 앉아
누구를 기다리나

가슴에 박힌 가시
아프다 말 못하고

바람에
날리는 머리
긴 세월을 접는다.

선거

금배지 반짝이는
눈부신 아름다움

유혹에 크게 뜬 눈
젓가락 싸움하고

뭇사랑
가슴앓이에
고배주를 마신다.

선택

공약은 낙엽처럼
떨어져 굴러가고

호흡을 가다듬은
민생은 보물찾기

심봤다
외치는 소리
국민 심판 받는 날

무면허

55kg 중량 싣고
정지선 지키면서

눈길은 조심조심
먼 길은 쉬어가는

무사고
오십년 넘은
11호차 발 235

가난

아이들 웃음소리
어머니 한숨소리

부뚜막 가마솥엔
걱정이 끓고 있다

코 꿰인
명태 한 마리
쳐다보고 또 본다.

진자리

멈추지 않는 세상
돌고 또 돌아간다

홀연히 떠난 자리
다시 또 찾아드는

위대한
연어의 모성
목숨 걸고 낳은 정.

금강시대

4대강 반대하는
걱정의 목소리들

밤마다 울어대던
촛불은 스러지고

막혔던
혈관을 뚫어
새 생명을 찾는다.

꽃샘추위

탈북자 강제 북송
공포에 벌벌 떨고

실질적 해법 찾아
외치는 인권존중

동장군
부릅뜬 두 눈
위세마저 꺾였다.

민통선

누구도 허락 없이
들어갈 수 없는 곳

임진강 노래하는
들판은 출렁이고

갈대는
민통선에서
남북통일 외친다.

현충원

홍살문 지킨 나무
푸른 넋 피고 섰다

호국의 울타리가
바람에 쓰러진 혼

사계절
조국 애정이
솔잎처럼 푸르다.

광복 70년

천대를 받으면서
꿋꿋이 살아왔다

한 움큼 움켜진 손
우두둑 뽑아내도

빼앗긴
나라 찾고자
한마음 된 민족들

때로는 죽은 듯이
호흡도 멈추었다

힘없는 서러움에
한 맺힌 몸부림은

칠십년
가꿔온 나라
울창한 숲 푸르다

태극기 피 흘리던
잔인한 일제시대

분노가 용기되어
일어난 삼일운동

빛 찾은
대한민국에
무궁화가 웃는다.

호국영령

해조음 검은 파도
청춘을 쓸어가고

바닷속 깊은 곳에
눈물의 만리장성

백령도
잔인한 그곳
꺼져버린 등댓불.

2014년 4월 16일 아침

탑승자 476명
구조자 174명

실종자 273명
사망자 29명이

두려워
몸부림쳤을
보석 같은 아이들.

뉴스속보

여객선 대참사에
국민은 패닉상태

학생은 무사하다
거짓은 분노 낳고

국민의
안전망 뚫린
대한민국 대 망신

환생

— 세월호

사부작 걷는 들길
졸졸졸 흐르는 물

바람을 가르면서
간간히 들려오는

목소리
예쁜 종달새
너였으면 좋겠다.

정격시조에 담아낸 삶과 자연

— 신미경 시인의 작품세계

문학평론가 리 헌 석
(사) 문학사랑협의회 이사장

1.

신미경은 정격 시조(時調) 형식을 주상하는 시인이다. 시조의 기본 형식인 단시조 창작에 집중하는 시인이다. 그리하여 그의 첫 시조집『아버지의 자전거』에 수록된 103편은 모두 단시조의 음수율을 적용하고 있다. 즉 초장과 중장 공히 3434를 적용하고 있으며, 종장 역시 3543에서 벗어나지 않는다. 또한 이 시조집에는 단시조가 89편(86%), 연시조가 14편(14%)이다.

이러한 창작 경향에는 시조에 대한 뜨거운 열망이 내재되어 있다. 짧게는 100여 년의 현대시조 역사, 어느 정도 굳어진 연원으로는 고려 말의 700여 년, 길게는 신라시대의 향가를 연원으로 잡는 천여 년이라는 시조 역사에 대한 자부심의 발현이기도 하다. 이와 같이 오랜 기간에 걸쳐 우리 겨레의 사상과 정서를 단형에 담아낸 시 형식을 지키고자 하는 시인의 자존감(自尊感)과 의무감(義務感)에 근거한다.

시조의 형식에서 3장(三章)과 6구(六句)는 학계의 합의가 이루어진 이론이다. 또한 이능우 교수가 주장하는 음보율도 어느 정도 수긍하는 수준이다. 그렇지만 정격 음수율은 수많은 옛시조의 양식을 귀납(歸納)하면서 추출된 것이어서, 이에 맞지 않는 작품이 허다하여, 불변의 원칙으로 고정하기 힘든 것도 사실이다. 그렇다고 하더라도, 기본 모델로 집약된 형식에 맞추어 창작하려는 자세는 바람직하다.

일상을/ 모두 접고
오솔길 접어들면

어느덧/ 동행하는
계족산 트인 가슴

솔바람/ 밝은 음계에
마음 또한 씻는다.

비래사/ 적막이야
풍경이 울었거늘

속세의/ 바람결도
매무새 다듬고서

황톳길/ 맨발로 딛고
고행으로 걷는다.

—「산사 길을 걸으며」 전문

2009년에 『시조문학』에 발표되어 등단한 작품이다. 신미경의 초기 작품은 단시조와 연시조가 균형을 이루었는데, 시조 형식에 대한 주관이 뚜렷해지면서 단시조 창작으로 굳어진 듯하다.

시인은 어느 날 계족산을 오른다. 일상에서 마주치는 잡다한 일들을 모두 접은 채 오솔길로 접어든다. 한참 걷다 보니 답답하던 마음이 트인다. 이때 시인의 예술적 통찰력이 발현되는데, 그가 찾아낸 〈솔바람/ 맑은 음계〉는 뛰어난 은유라 하겠다. 시인은 오솔길을 걸어 비래사(飛來寺)에 이른다. 어느 정도 규모를 갖춘 사(寺)라고 명명했지만, 사실은 그보다 암(菴)에 가까운 비래사여서 대체로 고즈넉하다. 고즈넉한 직막을 깨고 풍경(風磬)이 울린다. 그 풍경소리에 바람도 매무새를 다듬는다고 하는 것은 시인 자신의 의식을 바람에 의탁한 것에 다름 아니다. 황톳길을 맨발로 딛고 현실의 고통을 감쇄(減殺)하고자 하는 내면의 반영이다.

이와 같이 순수한 마음을 지향하는 신미경 시인은 꾸준히 작품을 빚어 여러 지면에 발표한다. 그리하여 『문학사랑』에서 제정한 '인터넷문학상'을 수상(2014년)하고, 『시조문학』에서 제정한 '올해의 시조문학 작품상'을 수상(2016년)하면서 뛰어난 작품 수준을 인정받고 있다. 그 동안 창작한 200여 편의 작품 중에서 103편을 선정하여 첫 시조집 『아버지의 자전거』(2016)를 발간한다.

2.

우리 겨레에게 씻을 수 없는 아픔을 남긴 6.25 동란은 신미경 시인에게도 평생 짊어져야 할 멍에로 작용한다. 6.25 이후 1958년에 출생하고 성장한 시인이지만, 그의 내면에는 전쟁의 상흔이 늘 자리하고 있다. 시인의 고향이 서울이지만, 그의 아버지 고향은 북한에 있는 '평강'이어서 그 곳이 정서적 본향으로 기능하고 있다.

원래 강원도였던 이 지역은 현재 북한의 평강군으로 명명되어 강원도 철원군의 바로 북쪽과 닿아 있다. 거리로는 소리치면 들릴 정도로 가까운 곳이지만, 오갈 수 없는 지역이어서 시인의 아버지는 실향의 애끓는 정서를 삭히며 생활한 듯하다. 고향의 지명 '평강'을 수없이 부르짖던 시인의 아버지는 그 지명을 잊지 않기 위해, 어린 딸의 별명을 '평강공주'라 지어 불렀다. 그 딸을 특별히 사랑하였는데 바로 신미경 시인이다.

시인의 아버지는 고향을 그리워하며, 경기도 파주시의 임진각과 강원도 철원군의 비무장 지대를 자주 찾았다고 증언한다. 명절이면 간소한 제수를 마련하여, 고향과 가장 가까운 철원군 월정리역을 찾아 제사를 지냈는데, 시인도 여러 번 동행하였다고 서술한다. 특히 철원군 월정리역에 '철마는 달리고 싶다'는 표지판을 세우게 한, 바로 그 기관차에서 근무하다 산화(散華)한 조부(祖父)를 그리워한 아버지의 정서는 시인에게로 전이되어 정서적 통증을 유발한다.

반백 년 기다리다
그리움 거두시고

세월도 숨이 차서
하늘로 가시던 날

주름 속
흐르던 향수
물길마저 말랐다.

철조망 가로막힌
분단의 아픔 속에

육 남매 앞세우고
고향 길 기다리던

한 생애
힘겨운 삶이
영면으로 가셨다.

—「가신 임을 그리며」 일부

시인의 부친은 반백 년이 넘는 동안 사향가(思鄕歌)를 부르며 고향을 찾으려고 하였으나, 그 꿈을 이루지 못한 채 작고한다. 안타깝게 기다리던 세월도 숨이 차서 하늘로 가셨다거나, 대한민국으로 넘어온 청소년기부터 주름이 가득한 노년기에 이르기까지, 귀향(歸鄕)의 일념으로 삶을 지탱한 고통의 세월이 시인의 작품을 통해 공감대를 생성한다. 떠나신 빈자리를 지키며, 세상에 남은 사람들은 아버지를 그리워한다. 시인을 비롯한 가족들은 아버지가 평소에 하시던 것처럼 임진강 주변에서 제사를 지낸다.

시인은 이날 〈아버지 빈자리에/ 덕담만 차곡하고// 임진강 주변에서/ 목 놓아 드린 제사// 고향길/ 뻐꾹새 울음/ 날개깃을 세웠다.〉고 노래한다. 평생의 소원이었지만 고향땅을 밟아보지 못하고 떠나신 아버지의 영혼이 뻐꾹새 울음에 얹혀서라도 그 곳에 가시기를 소망하는 시인의 내면이 오롯하다. 그 바탕에서 어린 시절의 추억을 되새긴다.

외갓집 가는 길은
흙먼지 자욱하다.

짐받이 올라 앉아
꼭 잡은 작은 두 손

신나서
노래 부르다
방긋 웃는 예쁜 짐.

— 「아버지의 자전거」 전문

아버지가 자신을 자전거에 태우고 외갓집에 가고 오던 추억을 시인은 잊지 못한다. 짐받이에 앉아 신나게 노래를 부르는 딸은 '예쁜 짐'이었을 터이며, 동시에 별칭으로 부르던

사랑스러운 '평강공주'였으리라. 아버지와의 추억은 여러 갈래로 나타난다. 〈아버지/ 새해 덕담에/ 새 꿈 가득 담는다.〉 〈잉잉잉/ 터진 울음에/ 미소 짓는 아버지〉 〈등 굽은/ 우리 아버지/ 자식 걱정 앞선다.〉 〈힘들면/ 쉬어가거라/ 아버지의 깊은 뜻〉 등에서 아버지의 사랑을 추억한다.

시인의 아버지는 군인으로 나라를 지킨 분이다. 무공훈장을 수훈한 국가유공자여서 국립 대전현충원에 모셨다. 그리하여 그는 「현충원의 소나무」를 보면서도 아버지를 떠올린다. 〈허공을 뱅뱅 도는/ 잠자리 헬리콥터// 저 멀리 포탄소리/ 나라가 걱정되어// 솔방울/ 솔잎에 숨어/ 갑옷 입고 지킨다.〉는 의지적 형상화를 보인다. 아버지에 대한 사랑만큼 어머니에 대한 추어도 작품에 투영된다. 〈물치병/ 알츠하이머/ 잃어버린 기억들〉로 발현되는 연민의 정서도 가슴 먹먹한 감동을 생성한다.

이외에도 가족에 대한 극진한 사랑을 노래한다. 시아버지, 시어머니, 남편, 동생 등으로 확산되어 나가던 정서는 '아들'로 수렴된다.

> 설레는 기다림이
> 사뿐히 내려와서
>
> 얼룩을 지워버린
> 티 없이 환한 얼굴

내 삶에
잊을 수 없게
가슴 떨린 목소리.

— 「첫눈」 전문

이 작품에는 '아들'이라든가, 실명인 '태진'라는 말이 표면화되지 않았지만, 득남에 대한 기쁨과 감격이 오롯하게 들어 있다. 성실한 남편과 만나 결혼을 한 시인에게는 자녀에 대한 갈망이 컸을 터이다. 해마다 겨울이 되면 첫눈을 기다리듯이, 설레며 기다리던 회임 소식은 세상의 '얼룩'을 지워버릴 정도로 고마운 일이었을 것이다. 태어날 당시의 '티 없이 환한 얼굴'은 시인에게 가장 소중한 만남이었을 터, 아기가 세상에서 처음 건네는 울음소리는 '가슴 떨린 목소리'였을 것이다.

시인이 아들에게 거는 기대는 다대(多大)하였을 터이지만, 마음을 비운 채 매사(每事) 아들의 선택에 박수로 응원한다. 그러면서 집안 어른들이 걸으셨던 자랑스런 자취를 거울삼아 훌륭하게 성장하기를 희망한다. 6.25 동란 때에 기관사 역할을 다하였던 외증조부, 동족상잔의 전쟁에서 무공훈장을 받은 조부, 지극히 성실한 부친처럼, 아들 스스로 자신의 세계를 개척해 나가리라 믿는다. 이러한 믿음이 그의 작품에 투영되어 나타난다.

3.

신미경 시인은 자연에 대해 섬세하고 순정한 정서를 견지한다. 꽃이 피고 지는 일이 자연스러운 현상일 터이지만, 그에게는 온 우주와 같은 의미로 다가서기도 한다. 봄에 새싹이 움트는 모습에서 〈비집고 돋아난 잎/ 아가의 숨결 같다〉는 표현이 그러하고, 봄이 〈실바람/ 향기에 취해/ 꽃잎 위에 앉았다.〉는 시각이 그러하다. 단풍이 곱게 든 모습을 〈색동옷 갈아입는/ 나뭇잎 추석맞이〉라는 동심이 그러하고, 바람에 흔들리는 갈대의 움직임을 〈무명의 고깔을 쓴/ 신명난 무녀의 춤〉으로 연상한 것이 그러하다.

그러나 시인은 자연의 아름다움이나 속성을 노래하는 것에 그치지 않고, 좀더 새로운 의미를 부여하고자 한다. 그리하여 자연에 사람살이의 이미지를 결합하여 은유적이고 상징적인 작품을 빚기도 하고, 철학적이거나 비판적인 성격을 담기도 한다.

혈기가 푸른 청춘
밟혀도 일어난다.

고개를 넘어가는
추억의 보리피리

바람에
자존심 잡고
꿋꿋하게 서 있다.

—「청 보리밭」 전문

신미경 시인은 현대를 숨 쉬면서도 과거 전통정서와 닿아 있다. 현실에서 볼 수 있는 보리밭일 터이지만, 시조에 나타난 정서적 속성은 세월을 거스르고 있다. 초장의 〈혈기가 푸른 청춘/ 밟혀도 일어난다.〉는 다의적 해석을 가능하게 한다. 표면적 형상화는 '보리밭 밟기'라 하겠다. 겨울 보리밭이 얼어 부풀게 되면 흙과 뿌리가 들뜬다. 그냥 두면 동해(凍害)를 입게 되어 들뜬 보리밭을 밟았던 기억을 담아내고 있다. 한편 심층적 의미는 밟아도 푸르게 살아나는 보리의 속성을 통해 불의에 굽히지 않는 굳건한 자세를 포괄한다. 의식주가 풍족한 현대와 달리 반세기 전만 해도 식량이 부족한 초여름을 보릿고개라 하여 고통스럽게 보냈다. 그 고통 속에서도 꿋꿋하게 버티는 보리를 보며 우리 선조들은 자존심을 지키며, 미래에 대한 소망을 되살려 내었을 터이다.

속적삼 황홀 빛이
까만 밤 불 밝혔다.

진흙 속 다소곳이
환생한 순백의 몸

묵언에
뿌리를 묻고
어진 웃음 짓는다.

―「연꽃」 전문

2010년에 충남 부여군에서 개최한 연꽃 축제에 출품한 시화전 작품이다. 여인네가 속적삼 황홀한 빛으로 어둔 밤을 밝혔다는 착상 자체가 기발하다. 이를 통해 시조의 단조로움을 극복하는데 성공하고 있다. 진흙 속에 뿌리를 내린 여인의 정념이 스스로를 다스려 다소곳한 백련(白蓮)으로 피어난다는 시각도 새롭다. 환하게 피어난 연꽃은 정결한 미소를 띠우며 묵언(默言)을 실천하고 있다. 그 모습에서 현숙한 여인상을 찾아내고 있는데, 꽃을 꽃으로만 바라보는 것이 아니라, 시인은 꽃에서 사람의 특정한 이미지를 찾아낼 줄 안다. 이러한 발상은 「소나기」가 지나간 후 생기는 무지개를 〈공작새/ 꼬리 펼치면/ 곱고 고운 무지개〉라는 표현과도 상통한다.

설움을 토해내는
갈매기 울음소리

한 조각 붉은 마음
바다에 던져놓고

무녀의
하얀 무명옷
너울너울 춤춘다.

—「겨울바다」 전문

그는 시조의 정형적 단조로움을 극복하기 위하여 이미지

의 연쇄(連鎖)를 원용한다. 초장의 중심어는 설움을 토해내는 '갈매기 울음소리'다. 피를 토하는 듯한 갈매기의 절절한 울음이 중장의 '붉은 마음'과 연쇄를 이루고, 이는 종장의 죽음과 연계된 무녀의 '하얀 무명옷'과 연쇄를 이룬다. 이러한 기법은 이미지의 자연스러운 전이를 통하여 단순성을 극복하는데 기여한다. 이와는 달리 인과법에 의한 형상화도 놀라운 바가 있다. 「꽃게」에서 보면, '전생의 죄'로 말미암아 꽃게는 '옆으로' 걸어야 하는 숙명을 지닌다. 옆으로 기어다니다가 '그물'에 매달려 잡힐 수밖에 없는 삶을 투영한다. 이렇듯이 신미경 시인은 단형의 시조에 다양한 수사법을 활용하여 수준 높은 문학성을 추구한다.

> 청춘을 불사르고
> 살며시 떠나신 임
>
> 해마다 기다리며
> 붉 밝힌 홍등 하나
>
> 툭 치는
> 짓궂은 바람
> 흔들리는 그림자
>
> —「홍시」 전문

제목은 '홍시'지만, 〈청춘을 불사르고/ 살며시 떠나신 임〉에서 〈붉 밝힌 홍등 하나〉로 묘사적 심상의 전이에 능숙하다. 이는 다시 바람이 툭 쳐서 흔들리는 그림자로 변환되는 내면의 반영이다. 이와 같은 의식은 그로 하여금 겨레의 절실한 명제에 집중하게 한다. 누구도 허락 없이 들어갈 수 없는 「민통선」에서 갈대는 '남북통일'을 외친다는 형상화 역시 내면의 투영이다. 홍살문 지킨 나무가 푸른 넋을 피우고 있다든가, 호국의 울타리를 '혼'으로 본다든가, 조국에 대한 충성심이 「현충원」의 소나무처럼 푸르다는 것 역시 시인의 의식에 근거한다.

4.

신미경 시인은 시조를 어렵지 않게 쓴다. 정격 시조를 빚으면서도 그 속에 자신의 내면을 자연스럽게 투영한다. 그가 현대문명에 발을 딛고 있지만, 그의 내면은 우리의 전통 정서와 닿아 있기 때문인 듯하다.

시인은 「옛날 얘기」에서, 지금은 찾아볼 수 없는 〈섬돌 위 주저앉은/ 고무신 한 켤레〉에 시선을 집중한다. 민속박물관에서나, 사찰에서나, 혹은 고택의 섬돌에 있는 고무신에서 영감을 받은 것으로 보이는데, 이는 일상에서 쉽게 볼 수 없는 제재들이다. 그리 멀지 않는 과거에는 헌 고무신을 엿장수에게 주고 엿이나 생활 소품과 바꾸었다. 그 상황에 〈엿장수 가위 소리/ 엉덩이 들썩인다.〉가 도출된다. 그러나 현실에서는 엿장수 가위소리도 들을 수 없거니와 헌 고무신을 들고 가서 엿과 바꾸어 먹는 풍경도 찾아보기 힘들다. 그러함에도 불구하고 시인은 과거를 회상하며, 전통적 정서를 담아낸다.

수리취 떡을 지어
찾아든 세시 풍속

제호탕 부꾸미에
가신 임 더 그립다.

사뿐히
날아오르는
춘향이의 저 요염.

—「단오」 전문

수리취 나물과 쌀가루를 섞어 만든 버무리를 '수리취 떡'이라고 하며, 이는 음력 5월 5일 단오 명절 즈음에 즐겨 먹어 왔다. 우리 겨레는 24절기를 정하여 특별한 의미를 두었는데, 단오에는 수리취 떡을 만들어 먹기도 하고, 제호탕과 부꾸미를 넉넉하게 만들어 서로 나누었다.

제호탕은 오매육, 사인, 백단향, 초과 등을 곱게 가루로 만들어 꿀에 버무린 다음 끓여 만든다. 이를 냉수에 타서 먹었던 우리나라의 전통 음료인데 붉은 색을 띄었다. 부꾸미는 요즘의 전(煎)과 같다. 찹쌀가루나 수수가루에 밤, 대추, 팥

등을 넣고 반죽하여 둥글넓적하게 지진 음식이다. 이런 음식을 먹으면서 남자들은 마을 단위로 씨름을 하고, 여인네들은 창포 물에 머리를 감고 그네를 탄다. 종장의 〈사뿐히/ 날아오르는/ 춘향이의 저 요염〉은 신미경 시인이 찾은 절창(絶唱)이다. 이미지의 절묘한 결합, 감동적 정서를 창출하고 있다.

그의 시조 「가난」에서 〈부뚜막 가마솥엔/ 걱정이 끓고 있다.〉 〈코 꿰인/ 명태 한 마리/ 쳐다보고 또 본다〉 등을 통하여 빈한(貧寒)의 극치를 절실하게 그려낸다. 어머니가 마른 자리와 진자리를 가려 자식을 기르는 데에서 비롯된 작품 「진 자리」에서 〈위대한/ 연어의 모성/ 목숨 걸고 낳은 정〉이라는 지고지선의 가치를 도출해 낸다. 이러한 형상화는 사물에 대한 직관과 뛰어난 문학적 자질이 융합되어 비롯된다. 이를 근거로 하여, 앞으로 신미경 시인이 빚어낼 수준 높은 시조 작품을 기대하게 한다.

아버지의 자전거

신미경 시조집

발 행 일 | 2016년 5월 26일
지 은 이 | 신미경
발 행 인 | 李憲錫
발 행 처 | 오늘의문학사
출판등록 | 제55호(1993년 6월 23일)
주 소 | 대전광역시 동구 대전로 867번길 52(삼성동 한밭오피스텔 401호)
전화번호 | (042)624-2980
팩시밀리 | (042)628-2983
홈페이지 | http://www.lito77.co.kr(홈페이지)
전자우편 | hs2980@hanmail.net

공 급 처 | 한국출판협동조합
주문전화 | (070)7119-1741~2
팩시밀리 | (031)944-8234~6

ISBN 978-89-5669-747-5
값 9,000원

* 이 책은 ㈜교보문고에서 E-Book(전자책)으로 제작 · 판매합니다.
* 잘못 제작된 책은 바꾸어 드립니다.